AF402929

FSC
www.fsc.org
MIXTO
Papel procedente de
fuentes responsables
Paper from
responsible sources
FSC® C105338

Con doce respuestas para el éxito MLM

Lo que debes considerar antes de invertir una gran cantidad de tiempo y dinero en MLM, marketing de redes o sistemas de marketing de referencia.

Anne Schlosser

© Anne Schlosser, 2020 – 2nd Edition

Impreso y editado por Books on Demand GmbH
info@bod.com.es - www.bod.com.es
Impreso en Alemania – Printed in Germany

ISBN: 978-8-4132-6796-8

Información General

Este documento y todo su contenido está protegido por la ley de derechos de autor. Todos los derechos reservados. La reimpresión o reproducción (o parte del mismo) en cualquier forma (impresión, fotocopias u otros métodos), así como el almacenamiento, proceso, duplicación y distribución por medios electrónicos en cualquier tipo de sistema, del documento completo o parte del mismo, sin autorización por escrito del autor está prohibida. Todos los derechos de la traducción están reservados.

El uso de este libro y la implementación de la información aquí presentada se hace bajo la responsabilidad del lector. El autor y quien lo publica están exentos de cualquier tipo de responsabilidad en caso de que se presenten accidentes o daños de cualquier tipo que se presenten por consejos incluidos en este libro.

El trabajo, incluyendo todo este contenido ha sido preparado con el mayor cuidado. Sin embargo, los errores en la impresión o en la información no se pueden descartar por completo. El autor y quien publica esta obra no asumen responsabilidad por la manera en que la información sea impresa, o qué tan adecuada sea. No puede haber reclamos legales de ningún tipo por información incorrecta o por las consecuencias que resulten de esta información. Los operadores de los sitios web son exclusivamente responsables por el contenido de los libros que publican.

Inhaltsverzeichnis

Introducción   **9**

¿Esquema piramidal ilegal?   **13**

¿Son los sistemas MLM, el marketing de redes o marketing de referencia ilegales?   14

¿Puedo perder dinero con MLM?   15

Doce preguntas que debes contestar antes de entrar en un sistema MLM.   **18**

¿Necesidad o recomendación?   18

¿Comprar en el Sistema?   20

¿Vendiendo productos o creando el sistema?   22

¿Compras mínimas/ ventas mínimas?   24

¿Consecuencias de las vacaciones, ausencia, enfermedad?   25

¿Autenticidad?   27

¿Redención de los bienes?   29

¿Calidad / responsabilidad del producto?   30

¿Qué exige »el Estado« de mí?   32

¿Disposición para mejorar el conocimiento?   33

¿Cooperación con tu patrocinador?   35

¿Tiempo estimado y voluntad de hacer un esfuerzo adicional? 37

Conclusión **39**

Introducción

Incluso si me hago impopular en la rama del MLM con esto: el 80% de las personas que entran en un MLM-, marketing de redes o sistema de marketing de referencia nunca notará una ganancia de un euro y ni siquiera será capaz de cubrir sus propios gastos. Del 20% restante, aproximadamente una décima parte es muy exitoso y no sólo son capaces de vivir de sus ingresos, sino también de lograr la prosperidad real, las restantes nueve décimas partes ganan una concesión más o menos grande que después de deducir sus propios gastos contribuye a sus ingresos mensuales o son capaces de tener una vida modesta con sus ganancias sin necesidad de otra ocupación.

Yo soy una de las afortunadas. Es cierto que no hay un Ferrari en mi garaje, pero me he enriquecido tanto con la ayuda del marketing de referencia que puedo vivir bien sólo con mis pagos de comisiones; pero realmente no soy rica. Precisamente, puedo ser feliz con un ingreso mensual en la región inferior de cinco dígitos y estoy muy agradecida por ello. Para mantener esto, estoy publicando este libro bajo un seudónimo porque soy consciente del hecho de que podría ganarme la antipatía de algunas personas con eso.

En mi carrera de redes, no sólo he aprendido mucho acerca de los productos, sino también sobre las personas. En particular, he descubierto que con los recién llegados, que entran por primera vez en un servicio de marketing de redes, puedo decir con una exactitud del cien por ciento, si la persona en cuestión tendrá éxito o no con su operación después de hacerles algunas preguntas.

Desde mi tiempo de trabajo como ejecutiva - pero también el tiempo de trabajo de mis compañeros en mi línea descendente es precioso - he decidido escribir este libro. Sobre la base de doce preguntas. Con esto, voy a ofrecer un cimiento para los interesados, en el que pueden descubrir por sí mismos si un sistema MLM en particular, les conviene. Creo que esto es justo para todos los interesados. Los clientes potenciales no invierten tiempo y dinero innecesario en un sistema que no les traerá los resultados deseados y sus posibles patrocinadores pueden concentrarse en la promoción y el desarrollo de las personas de forma sostenible para asegurar el éxito y las comisiones.

Si descubres que un determinado sistema no te conviene en función de tus propias respuestas, no quiere decir que no es el proveedor adecuado para el desarrollo de tus ingresos, sino que posiblemente no lo has encontrado aún.

Les deseo mucho éxito con la creación de sus ingresos pasivos

Sinceramente, Anne Schlosser

Todas mis observaciones se basan en mis propias experiencias. No representan el asesoramiento para un caso específico y, sobre todo, no prometen éxito. El folleto se supone que de algo en que pensar. Como lector maduro, eres responsable de lo que haces con la información descrita, así como los conocimientos adquiridos.

¿Esquema piramidal ilegal?

La pregunta que la mayoría de las personas que trabajan en un MLM activo tienen que escuchar una y otra vez es la cuestión de si se trata de un esquema piramidal ilegal. Cuando respondo a preguntas como esta, en cuanto a lo que se refieren con esquema piramidal, a menudo resulta que mi interlocutor no sabe realmente lo que eso quiere decir exactamente. Recientemente, una señora respondió: »Es un negocio que es ilegal y peligroso porque la gente pierde dinero con este".

Lo que es notable aquí es que el tema »esquema piramidal« no está realmente dirigido a esta »definición«, sino que la cuestión aborda el tema de su supuesta »ilegalidad«. Por esta razón, permítanme ir un poco más allá.

Básicamente, se puede responder a eso con una claro »no«. No obstante, es imaginable que una organización que opera un negocio ilegal también puede hacer esto con la ayuda de un sistema MLM. Ejemplos respectivos han estado allí en el pasado. Proyectar esto en toda una rama es tan precipitado como si considerarás las pizzerías, los vendedores de automóviles, las guarderías, los médicos o las compañías de taxis como criminales, sólo porque existen ovejas negras en estas industrias y sectores.

¿Cuándo un sistema MLM es ilegal?

Básicamente, el negocio de cada compañía es ilegal si viola la ley con sus operaciones. Si una compañía, independientemente de si es o no MLM, por ejemplo, vende fuegos artificiales no permitidos, es ilegal - independientemente, de si la ley se basa en MLM o no. En el campo de la comercialización de redes, hay una regla adicional que declara que un sistema MLM está en contra de la ley cuando la fuente central del ingreso de los miembros no proviene de la venta de productos o servicios, pero en su mayor parte, de la contratación de nuevos » jugadores «. Este no es el caso con los sistemas MLM legítimos. Por lo general, con los vendedores de buena reputación, es más bien el caso de que hay un productor de uno o más productos que orienta sus esfuerzos en poner los productos en el mercado con la ayuda de una cadena alternativa de distribución. Con esto, el marcado mayorista y minorista es pagado en lugar de comerciar con la gente en la estructura MLM.

¿Puedo perder dinero con MLM?

La respuesta es muy clara: »Sí, puedes«. Como en todos los negocios, con MLM tú también inviertes dinero en la compra de productos, en la participación en la educación o servicios similares y puedes perder este dinero cuando tu negocio no tiene éxito. Se trata de negocios y siempre incluye un cierto riesgo.

Sin embargo, con la mayoría de los sistemas MLM esto es muy adaptable. Muchos sistemas ni siquiera conocen una cuota de inscripción o sólo una cuota mínima de entrada y sólo conocen la obligación de comprar los productos necesarios que necesitan para ellos mismos por poco dinero con el fin de ser completamente comisionables. Si se compara esto con algunos sistemas de franquicia en el que el derecho a establecer una filial de la respectiva compañía concesionaria tiene que ser comprado con diez mil o incluso cientos de miles de euros, entonces el riesgo con la mayoría de los sistemas de MLM es bastante calculable y asequible para la mayoría de las personas en nuestra región.

Para reducir el riesgo, he escrito este folleto. Al responder las siguientes doce preguntas podrás encontrar una buena base para la toma de decisiones, con el fin de determinar si un sistema es o no en particular prometedor para tu éxito. Si no sabes la respuesta para algunas de las preguntas, consulta a tu patrocinador. Un patrocinador bueno y experimentado debería ser capaz de responder todas las respuestas sin ningún problema.

Doce preguntas que debes contestar antes de entrar en un sistema MLM.

¿Necesidad o recomendación?

Cada operación MLM tiene algo que ver con las ventas. Sólo si hay una persona que está dispuesta a pagar por un producto, se alzan las ventas con las que se pueden pagar las comisiones. Mucho más preciso sería decir que, por un lado, hay sistemas MLM donde los productos reducidos se compran y luego son vendidos a los clientes. Por otro lado, están aquellos donde recomiendas o vendes productos a los clientes potenciales sin tener el producto a la mano, porque son enviados al cliente directamente por el productor y recibes una bonificación al final o una comisión de éxito.

También son importantes los sistemas en los que puedes vender por tu cuenta, es la pregunta: ¿Hay alguna restricción o condición de ventas en tu país que tienes que cumplir con el fin de vender ciertos productos? En cuanto a los productos en el campo médico o relacionado con la médica: ¿Son éstos aprobados en tu país?

Preguntas que debes hacerte:

A menudo conozco a personas que entran en el negocio MLM, pero no tienen éxito en las ventas porque no son buenos a la hora de acercarse a las personas. Por lo general, esto no se trata de persuadir a las personas, sino más bien para hacerles algo bueno. Honestamente, hazte las siguientes preguntas:

- ¿Estoy lo suficientemente confiado y emocionado de los productos del proveedor que yo también se lo recomendaría a mis amigos por convicción?
- ¿Me gusta acercarme a los demás y hablar con ellos?

- ¿Puedo vender o estoy dispuesto a aprender?
- ¿Los productos ofrecidos están excluidos dentro de la ley en mi país? ¿Qué requisitos debo cumplir literalmente, y que riesgos de responsabilidad civil debo tomar?

Bien puede ser que, en función de tu estado actual de la información, no eres capaz de responder a algunas de las preguntas por ti mismo. En este caso, es aconsejable hablar con ellos a través de tu patrocinador potencial. También debes tener un interés en la toma de decisiones conscientes, porque sólo entonces continuarás con tu plan a largo plazo y le traerás ingresos a largo plazo.

¿Comprar en el Sistema?

Casi todos los proveedores han puesto una barrera de entrada para los nuevos socios de ventas. Esta barrera puede ser muy difícil de superar dependiendo de la estrategia de la compañía. Hay proveedores, donde el precio de entrada es para que consumas los productos tú mismo. Esto parece tener sentido para mí, porque si realmente utilizas los productos, puedes proporcionar mejor información sobre ellos. Sin embargo, algunos sistemas requieren una cantidad mínima de pedido inicial o la compra de un montón de franquicia o algo similar.

Preguntas que debes hacerte:

- ¿Qué ventas tienes que realizar con el fin de compensar la inversión de la compra en el sistema? ¿Cuánto tiempo necesitas para eso? (para comparar, pregúntale a tu patrocinador el tiempo que él necesita para eso.)
- ¿Qué servicios adquieres cuando compras en el sistema y lo que tendrías que pagar por servicios similares »en el mercado libre"?

- ¿Cuál es la proporción del precio que hay que pagar para entrar en el sistema con respecto a los precios y posibilidades de ganar a través de la venta de los productos? Si el precio que tienes que pagar es inadecuado a las posibilidades dispuestas mencionadas, esto podría ser una señal de la presencia de un esquema piramidal ilegal.
- ¿Qué ocurrirá después de comprar en el sistema? ¿Cómo tu sistema te apoya (y tu patrocinador) con el cumplimiento de tus propios éxitos?

¿Vendiendo productos o creando el sistema?

La mayoría de los programas de marketing de redes o MLM conocen dos niveles en los que sus socios pueden generar ingresos. En primer lugar, los ingresos que se basan en las propias ventas, propias recomendaciones o colocación de los productos o servicios. En segundo lugar, los ingresos que se logran mediante la atracción de nuevos socios que a su vez generan con los respectivos productos y servicios por su cuenta. Si entras en MLM, estas tomando un paso importante para convertirte en empresario (por ahora, probablemente, un empresario a tiempo parcial o complementario). Toma el primer paso en esta dirección haciéndote las siguientes preguntas:

Preguntas que debes hacerte:

- ¿Debería enfocarme en la venta de los productos o en la captación de nuevos socios o en una combinación de ambos? ¿Cuáles son las ventajas / desventajas para mí?
- ¿He entendido el plan de compensación? ¿Qué compensación recibo por mis propias ventas, qué compensación por las ventas de los socios en los diferentes niveles, qué comisión recibo por atraer a nuevos socios, etc.?

¿Compras mínimas/ ventas mínimas?

Algunos sistemas conocen ciertas compras mínimas o ventas mínimas con el fin de recibir una comisión, para mantener su estructura de autoconstrucción, etc. En otras palabras, hay sistemas MLM donde eres superado por los socios que atrajiste inicialmente si no generas más ventas que ellos. Eso significa que, de repente no recibes comisiones de »lo mejor del grupo« y de su línea descendente. A todos nos gusta imaginar la situación en la que todo sale bien y donde caminamos por las calles de Hollywood como » futuros millonarios «. Sin embargo, es importante, sobre todo con una decisión, pensar en lo que ocurrirá cuando algo no funciona y uno, por ejemplo, no puede ser tan activo debido a razones relacionadas con la salud.

Preguntas que debes hacerte:

- ¿Existe una cláusula de ventas mínimas?
- ¿Cuál es y qué tan alta es? ¿Estoy seguro de poder cumplirla en cualquier caso?
- ¿Qué pasa si no logro ventas mínimas (una vez, en varias ocasiones, durante un largo período de tiempo)?

¿Consecuencias de las vacaciones, ausencia, enfermedad?

En el mismo contexto se encuentra la cuestión de lo que sucede con tus ingresos y tu línea descendente, con los socios de ventas y clientes que atrajiste, cuando te vas de vacaciones o si por otras razones no puedes estar activo durante un periodo de tiempo limitado o incluso por un período de tiempo más largo. A diferencia de cuando eres empleado, como alguien con un negocio propio, eres responsable de asegurar tus ingresos. Mientras sólo haces marketing de redes como un »entretenimiento« esto podría no ser demasiado importante. Pero si planeas pagar una cantidad parcial de toda tu subsistencia con los respectivos ingresos, entonces es esencial que pienses en esto con suficiente antelación.

Preguntas que debes hacerte:

- ¿Qué ocurrirá con mis ingresos y mi posición en el sistema si no lo logro ventas o hago significativamente menos ventas por un tiempo mayor?
- ¿Hay límites de tiempo que tengo que considerar y tener en cuenta?
- ¿Puedo transferir o vender mi posición según las circunstancias lo requieran (como en una empresa)?
- ¿Existen reglas después de que período de tiempo de inactividad o de no alcanzar ciertas metas en las que »quedo fuera del sistema"?

Imagina al Sr. X. Él fuma como una chimenea y conoce el ejercicio sólo desde el diccionario. El Sr. X. te ofrece productos de salud o sustancias vitales. ¿Qué pensarías de eso? ¿Hay alguna posibilidad de que te preguntes por qué el Sr. X. aparentemente no consume sus propios productos o si los consume, que está mal con ellos? Así como de mala gana pedirías una crema facial de una señora que tiene una piel mala. Es muy posible que la piel manchada tiene razones muy diferentes y que el Sr. X sólo ha sobrevivido a fumar mucho porque consume las sustancias vitales. Pero el cliente potencial probablemente ve esto de una manera diferente.

Preguntas que debes hacerte:

- ¿Puedo ofrecer los productos de forma fiable sin decirle a cualquier cliente potencial la mitad de mi historia de vida?
- ¿Compraría los productos que ofrezco si yo fuera un extraño o un conocido? Podría ser muy útil hacerle esta pregunta a un conocido. Pero debe ser alguien que te diga la verdad, aunque sea desagradable.
- ¿Cómo los productos se adaptan a mí y a mi imagen? Por supuesto, también puedes vender productos que no se adapten a tu imagen. Pero es mucho más fácil si ya eres percibido como un experto o como alguien que ya sabe algo sobre el campo respectivo por tu entorno antes de empezar a vender los productos.

Cuando compras los productos del productor o su compañía de ventas para fines de reventa o para tus propias necesidades, puede suceder que te hayas sobreestimado a ti mismo. O, te das cuenta de que un producto comprado no cumple con tus expectativas. Pero en la mayoría de los casos ya lo has pagado.

Preguntas que debes hacerte:

- ¿Pueden ser devueltos estos productos?
- ¿Pueden ser devueltos los paquetes ya abiertos si tú o el cliente no están satisfechos?
- ¿Qué plazos u otras disposiciones deben ser considerados?
- ¿Cómo se compensan las mercancías devueltas? (reembolso, aviso de crédito, reemplazo, se devuelve sólo una parte del dinero...)

El mero hecho de que un producto puede ser legalmente comprado en cualquier lugar de este mundo no quiere decir que esto también tiene que aplicar en tu país. Es cierto que hay países donde los productos del cannabis pueden ser vendidos legalmente. Pero eso no quiere decir que no serás culpable de un delito si creas tu propia plantación de cannabis si eres dueño de los productos respectivos para la compra o incluso los ofreces para la venta. Además, siempre existe la cuestión de la responsabilidad, sobre todo cuando vendes productos. ¿Eres capaz de determinar si el producto realmente ayuda a tu cliente potencial o si podría hacerle daño? Siempre y cuando le dices a alguien de tus experiencias con el producto, eso no debería suponer un problema. ¿Pero qué sucede si vendes un producto a alguien que no lo tolera por alguna razón? Especialmente en el contexto de los productos de salud el camino es bastante estrecho, especialmente, si no es sólo de suplementos nutricionales, sino de productos que se clasifican como remedios por el poder legislativo local.

Preguntas que debes hacerte:

- ¿Es legal en tu país vender los productos que quieres vender?
- ¿Qué pruebas tienes para la calidad del producto que ofreces?
- ¿Tienes la responsabilidad y los seguros de costos legales o incluyes temas como este? Atención: por lo general los seguros privados o no cubren o cubren a duras penas las actividades relacionadas con el negocio.
- Si los productos ofrecidos no son aprobados en tu país: ¿por qué no? ¿Por qué no son aprobables o por qué no son aprobados por algunas otras convicciones?

Lo que muchos empresarios MLM no tienen en cuenta es la cuestión de la cobertura social. Por un lado, en la mayoría de los países está el caso de que los ingresos de los negocios propios tienen que pagar un impuesto, pero en muchos casos se someten a otros cargos, como la seguridad social, pensión ocupacional, etc. Si el ingreso ha alcanzado una cierta cantidad de dinero. Especialmente los empresarios MLM a menudo no piensan en el hecho de que tienen que cumplir una serie de obligaciones gubernamentales, incluso con ventas relativamente bajas. Como dice un viejo refrán »la ignorancia no es excusa en la ley« también se aplica aquí. En cualquier caso, es aconsejable informarse de antemano sobre qué requisitos legales existen en tu campo y en tu caso.

Preguntas que debes hacerte:

- ¿A qué ingresos tengo que registrar mi ocupación como un negocio o similares?
- ¿Qué disposiciones existen con respecto a la contabilidad?
- ¿Cómo son más los honorarios regulados en mi caso: seguridad social, seguros, impuestos?
- ¿Qué apoyo ofrece mi organización MLM o que requisitos tiene?

¿Disposición para mejorar el conocimiento?

Una característica fundamental es distinguir los comercializadores de redes exitosos de los que no lo son. Quien quiere ser exitoso en esta rama, tiene que mejorarse constantemente. Muchos proveedores organizan este tipo de formación adicional, a menudo con los mejores oradores por muy poco dinero, algunos incluso estipulan un cierto entrenamiento mínimo antes de permitirte entrar en tu propia compañía.

Además, el entrenamiento suele llevarse a cabo en el campo de desarrollo profesional (conocimiento del producto, conocimiento en la materia) que está supuesto a ayudarte a comunicar sobre el producto de una manera hábil y hacerte parecer competente frente a un cliente potencial.

Además de eso, muchas compañías de marketing de redes se centran cada vez más en la formación de los participantes en el área de desarrollo de la personalidad. Temas comunes son la auto-confianza, capacitación en ventas, la comunicación, etc. Por supuesto, estas capacitaciones adicionales no sólo ofrecen un gran potencial para el éxito de las ventas, sino también el desarrollo de la personalidad.

Preguntas que debes hacerte:

- ¿Estoy dispuesto a estudiar más a fondo ambos eventos, así como con leer y estar en contacto con mi patrocinador o con el entrenador de la organización?
- ¿Qué esfuerzo temporal estoy dispuesto a programar?

¿Cooperación con tu patrocinador?

Un participante MLM exitoso se basa en la mayoría de los casos en una cooperación positiva con su patrocinador. Sólo si tienes un buen contacto y si tu patrocinador es activo y trabaja y su línea descendente, él será capaz de ayudarte a alcanzar tus metas. Esto te traerá una ventaja financiera invaluable, que, por lo tanto, no sólo te ayuda a sacar la bondad de su corazón. Desafortunadamente, he visto cómo los principiantes del marketing de redes fracasan porque su patrocinador era un » perro perezoso « que los dejó solos una vez que tuvo el » contrato firmado « en el bolsillo.

Preguntas que debes hacerte:

- ¿Puedo / quiero trabajar intensamente con mi patrocinador por más tiempo?
- ¿Qué apoyo ofrece mi patrocinador?
- Pregúntale a tu patrocinador si puede nombrar a algunos clientes que ha atraído y pregúntales a ellos sobre tu patrocinador.
- ¿Qué tan exitoso es tu patrocinador? Si él te promete prosperidad dentro de un corto tiempo, pero, no tiene suficiente dinero para una taza de café, deberías considerar si sus declaraciones son creíbles.

Sobre todo al principio de tu carrera MLM, tendrás que gastar un montón de tiempo. Puedes manejarlo de esta manera sólo por un corto tiempo, pero también en un período de tiempo más largo. En la mayoría de los casos tomará bastante tiempo hasta lograr éxitos notables y sólo muy pocas personas logran enriquecerse en cuestión de meses (sin duda, existen tales casos.) Pero también, estos han trabajado muy duro para lograrlo. Si uno pudiera ganar dinero en el sector MLM en los sueños de uno, la mayoría de las personas en el marketing de referencia tendrían éxito.

Preguntas que debes hacerte:

- ¿Cuánto tiempo estoy dispuesto y soy capaz de invertir en la creación de mi carrera MLM (más educación, hacer contactos, tener ventas y conversar con los patrocinadores)?

- ¿Cuánto esfuerzo hace mi patrocinador y cuánto tiempo le tomó para, por ejemplo, obtener una comisión mensual de € 1.000 (si ya ha hecho esta cantidad)?
- También, pregúntale a tu patrocinador lo que él querría como una inversión de tiempo y acuerda sobre tus posibilidades. En la mayoría de las organizaciones no es un problema si tienes muy poco tiempo, sobre todo en MLM se puede organizar todo. Tienes que ser consciente del hecho de que los »tiempos difíciles« pueden ser más largos, dependiendo de cuánto tiempo y esfuerzo eres capaz de poner en tu negocio. Con esto, es importante discutir honestamente este punto con tu patrocinador con el fin de evitar posibles desaprobaciones y malentendidos porque ambos asumen diferentes ideas.

Conclusión

Aunque a menudo se habla de una renta pasiva en el marketing de redes, no todos los proveedores mantienen esta promesa. Lo que todos los sistemas tienen en común es que sólo los que tienen éxito son los que también están dispuestos a mostrar el compromiso adecuado. Yo misma soy la mejor prueba de que se puede lograr una cierta riqueza con el marketing de redes y créanme, conozco personas que se han vuelto muy ricas con esto. Pero lo que todos tienen en común es que el éxito no cayó simplemente en sus regazos. Más bien han trabajado duro para ello por un largo tiempo, aunque auto determinados, como su »propio jefe".

Creo que es muy importante en la rama MLM que la gente decida a favor o en contra de esta conscientemente. Las personas que son atraídas con falsas promesas no están satisfechas y dañan a toda la industria. Además de eso, estas personas - y esto no se entiende como un juicio - son inútiles para el patrocinador también.

Especialmente en esta rama, es de crucial importancia invertir el poder de uno en los socios que están capacitados, dispuestos y listos para mostrar el respectivo compromiso y esfuerzo. Todo lo demás simplemente interrumpirá al patrocinador.